WINDOW ON THE LAKE

© 2024 Instituto Monsa de ediciones.

First edition in April 2024 by Monsa Publications,
Carrer Gravina 43 (08930) Sant Adrià de Besós.
Barcelona (Spain)
T +34 93 381 00 93
www.monsa.com
monsa@monsa.com

Editor and Project director Anna Minguet
Art director, layout and cover design
Eva Minguet (Monsa Publications)
Printed in Spain
Shop online:
www.monsashop.com

Follow us!
Instagram: @monsapublications

ISBN: 978-84-17557-73-7
B 3649-2024

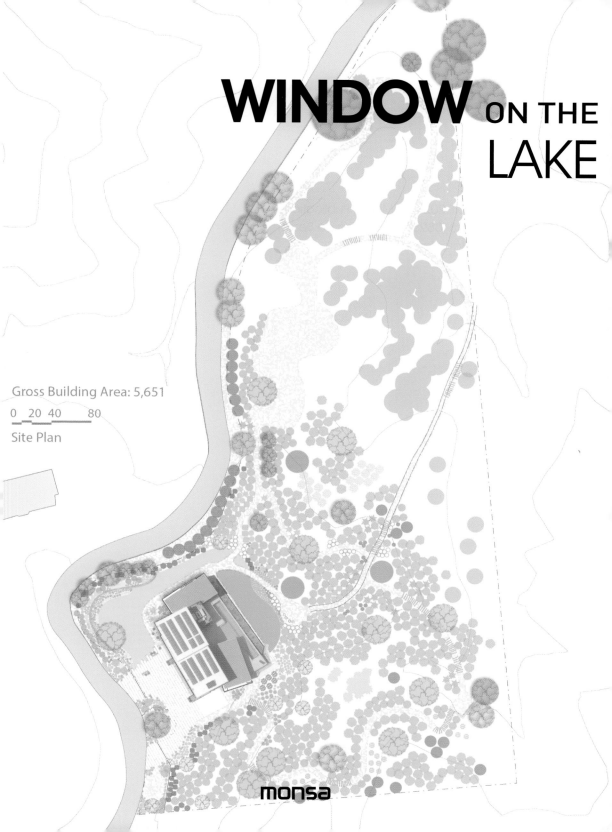

WINDOW ON THE LAKE

Gross Building Area: 5,651

0   20 40   80

Site Plan

INTRO Introducción

The lake, with its serene beauty and constant change, has been an endless source of inspiration for artists, poets, and, of course, architects. In this book, we explore a selection of architectural projects that share a common element: the grandeur of a lake as a backdrop.

As you turn the following pages, you will witness the creativity and vision of prominent architects whose works harmoniously integrate with the surrounding nature, taking advantage of the panoramic views and tranquility that only a lakeside environment can offer.

Each project presents a unique interpretation of the relationship between architecture and water, demonstrating how the presence of a lake can influence the way we live, work, and experience the built world.

Join us on this journey through architecture alongside the talented designers whose creations rise in harmony with the natural beauty that only a lake can provide.

El lago, con su serena belleza y su constante cambio, ha sido desde tiempos inmemoriales una fuente de inspiración para artistas, poetas y, por supuesto, arquitectos. En este libro, exploramos una selección de proyectos arquitectónicos que comparten un elemento común: la majestuosidad de un lago como escenario.

A través de las páginas que siguen, serás testigo de la creatividad y la visión de destacados arquitectos cuyas obras se integran armoniosamente con la naturaleza circundante, aprovechando las vistas panorámicas y la serenidad que solo un entorno lacustre puede ofrecer.

Cada proyecto presenta una interpretación única de la relación entre la arquitectura y el agua, demostrando cómo la presencia de un lago puede influir en la forma en que vivimos, trabajamos y experimentamos el mundo construido.

Acompáñanos en este viaje a través de la arquitectura junto a los talentosos diseñadores cuyas creaciones se elevan en armonía con la belleza natural que solo un lago puede brindar.

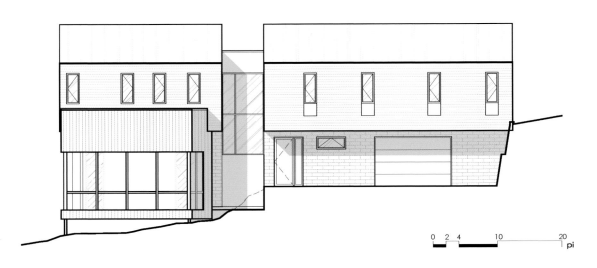

0 2 4   10   20 pi

INDEX Índice

DE LA CANARDIÈRE RESIDENCE   10

SKY HOUSE   22

MEMPHRÉMAGOG LAKE RESIDENCE   34

WINDOW ON THE LAKE   48

THE SISTERS   56

VACATION HOME IN MESSINES   66

CEDRUS RESIDENCE   78

THE "BLANCHE" CHALET   90

NORDIC ARCHITECTURE AND SLEEK INTERIOR DESIGN   98

HYYTINEN CABIN   108

CABIN ØSTFOLD   118

TOWER HOUSE   128

BUNNY RUN BOAT DOCK   134

DE LA CANARDIÈRE RESIDENCE
Atelier BOOM-TOWN

Location Val-Morin, Canada **Photographs** © Steve Montpetit **Website** www.boom-town.ca

This residence was designed to enable a sister and brother to meet as a family on special occasions and to unwind in contact with nature. This project sprouted along the shores of a lake up in the Laurentians in a wooded area with a significantly consistent slope. This elevation, which offers a bird's eye view of the lake, is the backbone for the development of this architectural concept—grasping hold of the land through the blending of two areas intersecting one another. The parcelling out of its shapes made its integration with the landscape possible. Its establishment forms part of a circuit throughout a site where paths extend internally, creating views, such as observation posts towards the surrounding landscape.

The upper area, which takes on the shape of a distinctive gabled-roof house, looks out to the lake through a cantilever, while the lower area anchors to the slope. Both areas are sliced at their intersections to give way to vertical circulation and to the entrance hall below. This pivot space organizes the entire internal circulation area and enables the core of the building to connect with the outside.

The lower floor has a more contemporary shape with its flat roofs and very large openings. The living space, which is arranged on two levels, takes advantage of plunging views onto the lake. On one end, a large screen shelter completes the lower area. A wide terrace is arranged on the roof at the other end.

From the outside, sober colours and raw materials allow the project to assert itself in full nuance, as if it had emerged from the ground, respectful of its environment. The black wood exterior finish unifies the composition under a zinc roof. Observed from the lake, it gives the impression of a haven. The light wooden sections that illuminate the dark structure as a whole may resemble the sun's rays piercing through the clouds after a storm.

Esta vivienda se diseñó para que una hermana y un hermano, miembros de la misma familia, pudieran reunirse en ocasiones especiales y desconectar mientras disfrutan de la naturaleza. El proyecto surgió a orillas de un lago en los montes Laurentinos, en una zona boscosa con una pendiente pronunciada. A esta elevación, que ofrece una vista de pájaro del lago, se le considera el eje del desarrollo de este concepto arquitectónico: aprovechar la tierra gracias a la unión de dos zonas que se intersecan. La disposición de sus formas permitió su integración en el paisaje. El emplazamiento forma parte de un circuito a lo largo de un terreno en el que de forma interna los caminos se engrandecen y se crean perspectivas, como puntos de observación sobre el paisaje circundante.

La planta superior, que adopta la forma de una típica casa con tejado a dos aguas, nos conduce al lago a través de un voladizo, mientras que la planta baja se asienta en la pendiente. Ambas plantas se cortan en sus intersecciones para dar paso a la circulación en vertical y al vestíbulo de la parte de abajo. Este espacio pivotante organiza toda la zona de circulación interna y comunica el núcleo del edificio con el exterior.

La planta baja ofrece una estampa más contemporánea, con sus tejados planos y sus enormes ventanales. El salón, organizado en dos niveles, aprovecha las vistas en picado sobre el lago. Desde un extremo, una gran mampara cierra la zona inferior. En el otro extremo se ha colocado una amplia terraza.

Desde el exterior, los colores sobrios y los materiales sin tratar permiten que el proyecto se reafirme en todos sus matices, como si hubiera surgido del terreno, mostrándose respetuoso con su entorno. El acabado de la fachada en madera negra unifica la composición bajo un tejado de zinc. Si se observa desde el lago, da la impresión de que se trata de un refugio. Las partes de madera clara que iluminan el conjunto de la estructura oscura se asemejan a los rayos del sol que penetran las nubes después de una tormenta.

Area 3600 sq. ft. with garage and screen porch **Interior Design** MJ Design and atelier Boom-Town **Structural engineer** GENIEX **General contractor** Bois & Nature construction inc. **Doors and windows** Fabelta **Cabinet** Bianchi **Plumbing** Batimat **Countertop and marble** Ciot **Staircase** Escalier Grenier **Lighting and furniture** Avant-Scène, Ligne Roset, Au Courant, Maison Corbeil

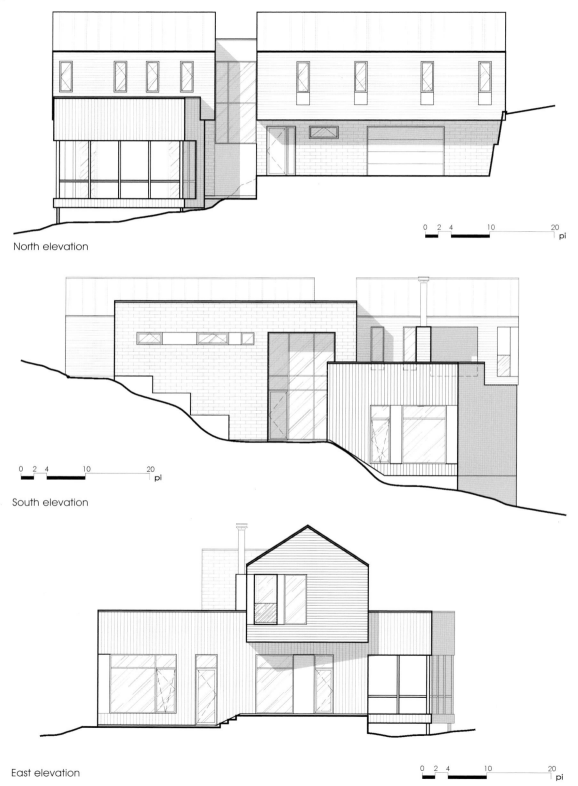

North elevation

South elevation

East elevation

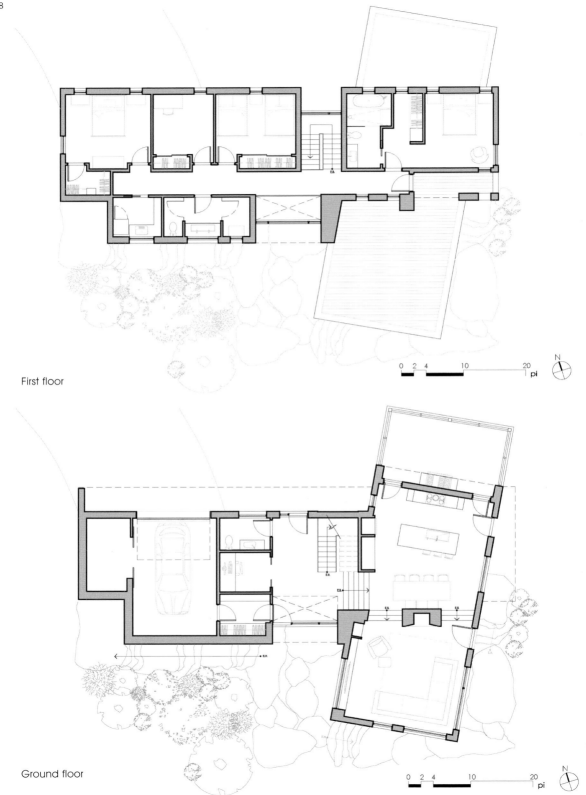

First floor

0 2 4   10   20
                                pi

N

Ground floor

0 2 4   10   20
                                pi

N

SKY HOUSE

Julia Jamrozik and Coryn Kempster

Location Stoney Lake, Canada **Photographs** © Doublespace Photography **Website** www.ck-jj.com

Negotiating the steep topography of a lake-side site, this holiday house consists of two volumes stacked on one another. The lower volume nestles into the landscape so that it is barely visible as one first approaches the house. The upper volume rests on the lower one and on a concrete pier to form both a bridge and a cantilever. This massing strategy allows for increased access and permeability of the site and emphasizes the charged relationship between the building and the ground.

The upper volume contains living spaces and opens up towards the lake while the lower volume is more enclosed and houses bedrooms. Responding to the need for accessibility for guests with disabilities, as well as thinking of the clients' ability to use the building far into the future, a study/bedroom and accessible bathroom are provided on the main level. The roof of the lower bar becomes a terrace allowing elevated views and a direct connection to the living spaces.

The factory-inspired skylights are rotated to admit north light without heat gain while orienting the solar panels due south so the house can generate all of its own power. The combination of vertical skylights and a fully glazed south-facing facade result in a generously daylit interior. A covered walkway shades the main wall of glass from summer sun while admitting lower winter sun to passively heat the dark-dyed concrete floor.

Simple, low-maintenance, long-life materials are used on the facade, including a reflective standing seam metal roof and a lapped heat-treated (petrified) wood cladding, while the interior is lined with formaldehyde-free plywood. Playful elements are placed throughout from a glazed brick socle for the wood stove, to scattered colourful coat-hooks and a custom undercroft swing-bench.

Esta casa vacacional, situada en un terreno escarpado junto a un lago, consta de dos volúmenes superpuestos. La planta baja se integra en el paisaje, de modo que apenas es visible al acercarse a la vivienda. La planta de arriba se apoya en el volumen inferior y en un muelle de hormigón, formando a la vez un puente y un voladizo. Esta estrategia de agrupación permite aumentar el acceso y la permeabilidad del terreno y acentúa la relación de carga entre el edificio y el suelo.

El volumen superior contiene las zonas comunes y se abre hacia el lago, mientras que el volumen inferior es más cerrado e incluye los dormitorios. Para cumplir con las necesidades de accesibilidad de huéspedes con discapacidades y pensando en que los clientes puedan utilizar el edificio en un futuro, en el nivel principal hay un estudio/dormitorio y un cuarto de baño accesible. El tejado del nivel inferior se convierte en una terraza que permite vistas elevadas y una conexión directa con los espacios comunes.

Los tragaluces, inspirados en los de las fábricas, se giran para permitir la entrada de luz del norte sin calentar la casa, mientras que las placas solares se proyectan hacia el sur para que la casa se alimente por sí misma. La combinación de tragaluces verticales y una fachada totalmente acristalada que mira al sur da como resultado un interior con abundante iluminación natural. Una pasarela cubierta protege la pared principal acristalada del sol estival y permite la entrada del sol invernal para calentar de forma pasiva el suelo de hormigón teñido de oscuro.

La fachada recurre a materiales sencillos, con gran durabilidad y que requieren poco mantenimiento, como un tejado metálico de junta alzada reflectante y un revestimiento de madera termotratada (petrificada), mientras que el interior está revestido de madera contrachapada sin formaldehído. Predomina una decoración con tono jovial en todas partes, desde un zócalo de ladrillo esmaltado para la estufa de leña hasta percheros de colores y un banco columpio a medida para el sótano.

Area 290 m2 / 3,100 SF **Designers** Julia Jamrozik and Coryn Kempster **General contractor** Timberline Custom Homes **Structural engineer** Jim Thomson **Cabinet** Bianchi **Landscape design** Gray Landscape Construction

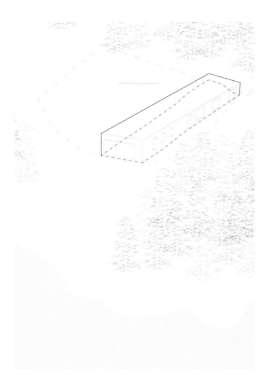

Maximum building boundary inherited from previous plans for the site by another owner.

Bedroom volume partially within the topography to mitigate the appearance of building mass on arrival and to provide insulation.

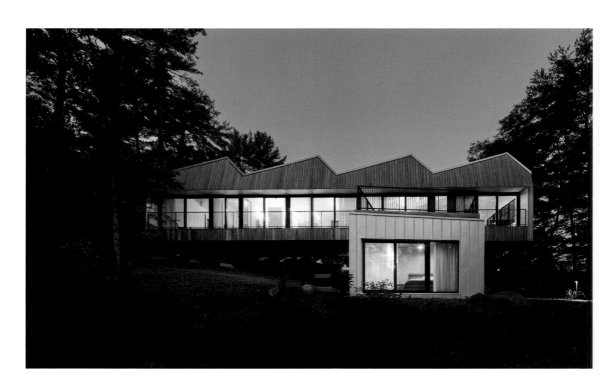

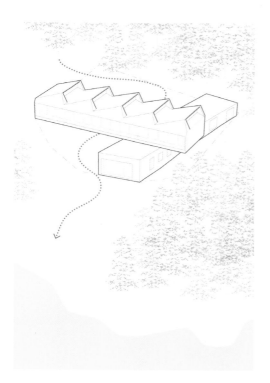

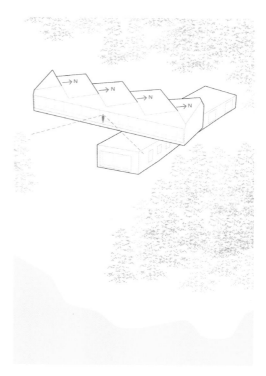

Upper volume spans the site separating living spaces from bedrooms for privacy, creating covered outdoor spaces and allowing water flow and circulation below.

Living spaces open to the views of the lake and skylights rotate to face north to maximize daylight without heat-gain and provide south-facing surfaces for solar panels.

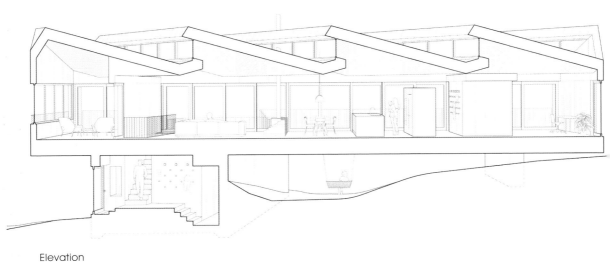

Elevation

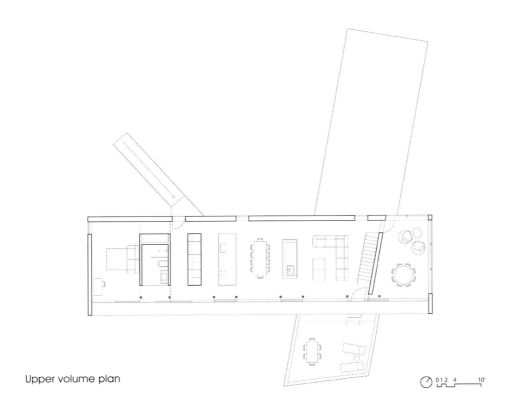

Upper volume plan

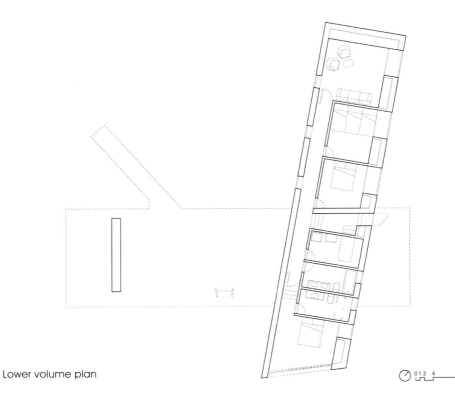

Lower volume plan

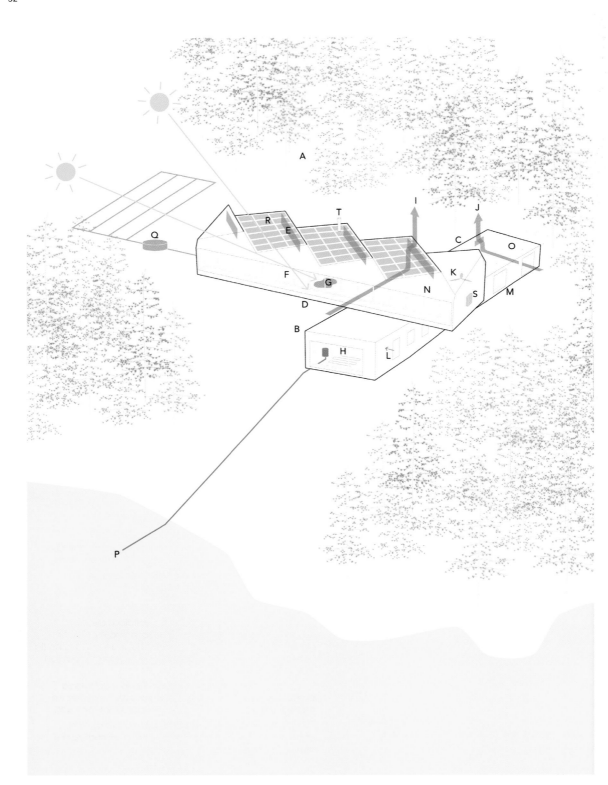

Towards a smaller ecological footprint

SITE STRATEGICALLY

A. Building sited so no old growth trees were cut down for construction.

B. Massing works with natural topography to avoid any site leveling or blasting of bedrock.

C. Cut-and-fill strategy employed to re-use all excavated soil on site.

D. Bridging upper volume allows for primary orientation toward lake without disturbing natural site drainage.

MINIMIZE IMPACT

E. Sawtooth light monitors rotated to orient clerestory windows precisely north to admit daylight without heat gain.

F. Glass wall inset 1m to block high-angled summer sun while admitting low-angled winter sun for passive solar gain.

G. Black stained concrete floor to maximize effectiveness of passive solar heating in winter.

H. Electric radiant heated concrete floors.

I. Natural ventilation upstairs through window wall oriented to face prevailing wind with high clerestory windows placed opposite.

J. Natural ventilation downstairs through clerestory windows placed opposite bedroom windows with operable transoms above bedroom doors that do not span full width of house.

K. Smart (autonomous) ceiling fans instead of air conditioning.

L. Energy recovery ventilation system for fresh air supply in winter.

M. Lower volume largely embedded in earth for additional insulation.

N. Responsibly harvested petrified (heat-treated) pine cladding for a maintenance-free, fast growing soft-wood siding without chemicals.

O. Reflective cladding to reduce heat gain.

P. Fresh water supply drawn directly from lake and treated with UV light and filters instead of chemicals.

Q. Septic system for treating waste on site.

MAKE UP THE DIFFERENCE

R. Net Zero Building - photovoltaic panels on the south-facing roofs are sized to produce enough electricity to run entire household (all heating, hot water and appliances are electric, no gas on site)

S. Tesla Powerwall battery stores electricity produced by PV panels for use anytime and as a back-up for emergencies.

T. High efficiency wood-burning stove for additional heating at peak times and as back-up for emergencies.

Hacia una menor huella ecológica

UBICACIÓN ESTRATÉGICA

A. Ubicación del edificio que no suponga la tala de árboles centenarios para su construcción.

B. La estructura se adapta a la topografía natural para evitar cualquier nivelación o voladura del lecho rocoso.

C. Estrategia de corte y relleno para reutilizar toda la tierra excavada.

D. El puente del volumen superior permite la orientación primaria hacia el lago sin alterar el drenaje natural del lugar.

IMPACTO REDUCIDO

E. Dispositivos de control de la iluminación en forma de diente de sierra con apertura giratoria que se orientan hacia el norte, que permiten la entrada de luz natural y aíslan del calor.

F. Pared de cristal retranqueada de 1 m que impide la entrada de la luz en verano y recibe la luz en invierno.

G. Suelo de hormigón negro para optimizar la eficacia de la calefacción solar en invierno.

H. Suelo de hormigón radiante eléctrico.

I. Ventilación natural en la planta superior gracias a una pared de ventanas orientada a favor del viento dominante, con ventanas altas del claristorio situadas enfrente.

J. Ventilación natural en la planta baja gracias a los tragaluces situados frente a las ventanas de los dormitorios con montantes practicables sobre las puertas de los dormitorios que no ocupan toda la anchura de la casa.

K. Ventiladores de techo inteligentes (autónomos) en lugar de aire acondicionado.

L. Sistema de ventilación que recupera la energía para el suministro de aire fresco en invierno.

M. Volumen inferior en gran parte incrustado en la tierra para aislamiento adicional.

N. Revestimiento de pino petrificado (tratado térmicamente) de recolección sostenible para obtener un revestimiento de madera blanda sin mantenimiento, de crecimiento rápido y sin productos químicos.

O. Revestimiento reflectante para reducir la emisión de calor.

P. Suministro de agua dulce procedente del lago y tratada con luz ultravioleta y filtros en lugar de productos químicos.

Q. Sistema séptico para tratar los residuos del lugar.

UNA VIVIENDA ÚNICA

R. Edificio Net Zero: los paneles fotovoltaicos de los tejados orientados al sur están pensados para producir electricidad que abastezca el consumo de toda la casa (la calefacción, el agua caliente y los electrodomésticos son eléctricos, no hay gas).

S. La batería Tesla Powerwall almacena la electricidad producida por los paneles fotovoltaicos para utilizarla en cualquier momento y como reserva para emergencias.

T. Estufa de leña de alta eficiencia para calefacción complementaria en horas punta y como alternativa en caso de emergencia.

MEMPHRÉMAGOG LAKE RESIDENCE

MU Architecture

Location Memphremagog Lake, Québec, Canada **Photographs** © Ulysse Lemerise Bouchard
Website www.architecture-mu.com

Located on the shores of prestigious Lake Memphremagog, in the Eastern Townships Region of Quebec, this residence sits atop the lake's steep shores, projecting itself onto a peaceful bay and providing impressive views of the surrounding environment.

Connecting elements
The new 6,700 square foot construction partially utilizes the previous residence's footprint. A new principal axis runs vertically, amplifying the exterior and interior character of the new home. A pre-existing garage sits at one end of this axis and is connected to the residence through a roof structure that serves as a carport. Upon entry into the residence, an open space comprising a staircase and floor-to-ceiling windows guide guests' focus to the exterior infinity swimming pool and the bay beyond, which are ultimately located at the other end of the axis.

This approach to conveying the exterior and interior character is discreet and peaceful, yet intentional and reminiscent of a spa, where architectural elements slowly reveal themselves. The exterior façade, composed of massive volumes between the floor-to-ceiling windows, helps conceal the residence's technical and mechanical rooms to ensure a level of privacy, providing a greater sense of comfort to the occupants. The façade's dark and natural stone strongly contrasts with the bright, spacious, and airy interiors.

A structural and sculptural prowess
Owing to a real structural prowess, a reinforced concrete formwork allows the swimming pool to cantilever out 16-feet. A true extension of the main level terrace, the infinity pool terminates with a glass panel that creates the illusion of the pool extending well into the lake.

The residual space between the load-bearing concrete walls serves as a mechanical room for pool systems, as well as storage space for outdoor furniture and other items.

A orillas del prestigioso lago Memphremagog, en los municipios orientales de Quebec, esta propiedad se levanta sobre la escarpada orilla del lago y se proyecta sobre una tranquila bahía ofreciendo unas vistas impresionantes de su entorno.

Elementos de unión
La nueva construcción de unos 2000 m aprovecha en parte la superficie de la vivienda anterior. Un nuevo eje principal discurre verticalmente y reafirma el carácter exterior e interior de la nueva casa. Un garaje ya existente se sitúa en uno de los extremos de este eje y se comunica con la casa por una estructura de tejado que se asemeja a una cochera abierta. Al entrar en la propiedad, un espacio abierto que consta de una escalera y ventanales de suelo a techo dirige la mirada de los invitados hacia la infinita piscina exterior y la bahía que hay detrás, que se encuentra en el otro extremo del eje.

Este planteamiento para expresar el carácter exterior e interior es discreto y apacible pero intencionado, y evoca a un balneario, donde los elementos arquitectónicos se desvelan poco a poco. La fachada exterior, constituida por volúmenes enormes entre las ventanas de suelo a techo, ayuda a ocultar las salas con instalaciones y de máquinas de la vivienda para garantizar un nivel de intimidad que brinda una mayor confortabilidad a los habitantes. La piedra oscura y natural de la fachada contrasta de forma notable con los interiores luminosos, espaciosos y bien ventilados.

Una habilidad estructural y escultórica
Gracias a una verdadera habilidad estructural, un encofrado de hormigón armado permite que la piscina sobresalga unos 5 metros. Como auténtica prolongación de la terraza del nivel principal, la piscina infinita termina con un panel de cristal que crea la ilusión de que la piscina se adentra en el lago. El espacio residual entre los muros de carga de hormigón sirve como sala de máquinas para los sistemas de la piscina, así como espacio de almacenamiento para muebles de exterior y otros objetos.

Area 6700 sq.ft **Client** N/A **Architect / Designer** MU Architecture, co-creation JS Bourdages Architecture **Team** Jean-Sébastien Herr, Charles Côté, Magda Telenga, Alexandre Arcens, Lou Émier, Maude Hébert, Andrée-Anne Godin, Baptiste Balbrick, Catherine Auger **Cabinet Maker** Ébénisterie AGR **Structural engineer** GenieX **Contractor** Construction Vincen **Pool Consultant** Girard-Hébert **Landscape** Les aménagements Yan Traversy

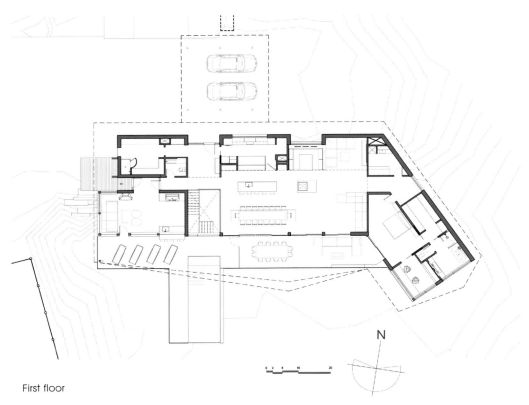

First floor

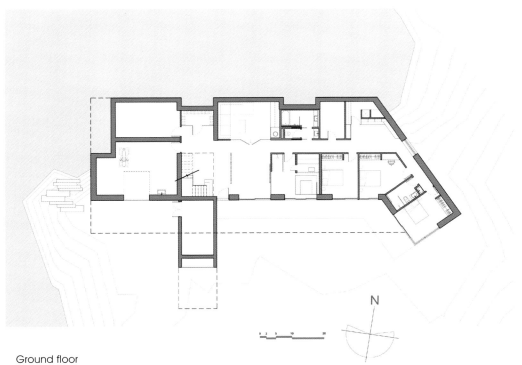

Ground floor

A chef's kitchen.

The kitchen's design accommodates daily family needs, yet it is also suited to a chef and an accompanying culinary team in the case of catered events and parties. By means of a concealed door and a built-in curtain, the service kitchen can be separated from the rest of the residence. Walnut panels enclose a volume comprising a kitchen, a dinette, a library, and half of a double living room. The warmth and richness of the wood complements the stone and steel of the central fireplace.

Designed to accommodate up to twenty-four people, the custom-made dining room table is a feature piece, running parallel to the kitchen island and floor-to-ceiling windows, and offering impressive views of the bay.

The residence's horizontal axis separates the technical and mechanical rooms from the primary living areas, allowing the occupants to take advantage of the natural light and exterior views. This design program allows guests to connect with their surrounding environment, while providing user comfort and spatial fluidity. This same axis, which follows the angles dictated by the natural topography of the site, creates a protected courtyard in which most of the outdoor activities are concentrated.

La cocina ideal de un chef.

El diseño de la cocina cubre las necesidades cotidianas de la familia, pero también las de un chef y un equipo culinario acompañante en el caso de eventos y fiestas con servicio de cáterin. Una puerta oculta y una cortina fija separan la cocina industrial del resto de la vivienda. Los paneles de nogal incluyen un volumen que alberga una cocina, un comedor, una librería y la mitad de un salón con dos espacios. La calidez y riqueza de la madera complementa la piedra y el acero de la chimenea central.

Con capacidad para 24 comensales, la mesa del salón, que está hecha a medida, es una pieza única en paralelo a la isla de la cocina y a los ventanales de suelo a techo, y además ofrece impresionantes vistas de la bahía.

El eje horizontal de la vivienda separa las salas con instalaciones y de máquinas de las salas de estar principales, así los residentes disfrutan de la luz natural y de las vistas al exterior. Este programa de diseño permite a los huéspedes conectar con el entorno que les rodea, y también ofrece comodidad al usuario y fluidez del espacio. Este mismo eje, que se ciñe a los ángulos marcados por la topografía natural del emplazamiento, crea un patio resguardado en el que se realizan la mayor parte de las actividades al aire libre.

A protective and enveloping wing

Inspired by a bird's unfolded wing, the residence's distinctive, undulating, and architecturally conceived roof follows the volumes of its interior spaces. The interior wooden ceilings comprise a series of triangulations at varying heights - some at twenty-five feet - creating both unique and dynamic spaces. The floor-to-ceiling windows follow these same angles.

The harmony and richness of the interior finishes, textures, and materials exude a warm and exclusive feel. The lighting and mechanical systems have been thoughtfully integrated and concealed within the wooden ceilings, becoming virtually invisible.

Outside, at its furthest point, the roof projects 14-feet outwards, providing protection against Quebec's notably harsh winters and warm summers. On the residence's horizontal axis, a linear terrace extends from one end to the other to connect principal interior spaces, including the main living area and the masters' quarters, to the common outdoor spaces and infinity pool. The same can be said for the ground level patio. As such, each access point and the indoor and outdoor activities are protected from the elements.

The residence's design program, selection of finishes, textures, and materials, and meticulous detailing allow it to stand out, while harmonizing with its surrounding environment.

Un ala protectora y envolvente

Inspirado en el ala desplegada de un pájaro, el inconfundible tejado ondulado y de concepción arquitectónica de la propiedad recorre los volúmenes de sus espacios interiores. Los techos interiores de madera están dispuestos en una serie de triangulaciones a distintas alturas (algunas de 7'50 m) que consiguen crear espacios únicos y dinámicos. Las ventanas de suelo a techo también comparten estos ángulos.

La armonía y sofisticación de los acabados interiores, las texturas y los materiales transmiten una sensación cálida y de exclusividad. Los sistemas mecánicos y de iluminación se han integrado y camuflado de forma intencionada en los techos de madera, de modo que resultan invisibles.

Fuera, en la parte más alejada, el tejado sobresale 4 m como protector del frío invierno y del caluroso verano de Quebec. En el eje horizontal de la casa, una terraza lineal se abre de un extremo a otro para comunicar los principales espacios interiores, como la sala de estar y los dormitorios de los propietarios, con los lugares comunes al aire libre y la infinita piscina. Lo mismo puede decirse del patio a nivel del suelo. De este modo, todas las zonas de acceso y los espacios destinados a actividades dentro o al aire libre están a cubierto.

El programa de diseño de la propiedad, la gama de acabados, texturas y materiales y la atención meticulosa a los detalles hacen que destaque y, al mismo tiempo, armonice con el entorno.

WINDOW ON THE LAKE
YH2 Architecture

Location Lac Plaisant, Quebec, Canada **Photographs** © Francis Pelletier **Website** www.yh2architecture.com

A window on the lake: the very essence of the cottage. A warm, simple wood dwelling open to nature and a peaceful lake.

The house stands on the site of an old family cottage, just steps away from the shores of Lac Plaisant in the Mauricie region. Thanks to its simplicity, restraint and refinement, the project embodies the architect's attempt to capture the essence of cottage life – a wooden home designed for vacations and enabling true communion with nature.

Featuring wood construction inside and out, the house's single large gable covers all living spaces.

Sited in a small clearing, its foundation invisible, the home is a pure, light volume resting on a grassy carpet.

Its architecture is restrained and its scale modest, in tune with the clearing and lake.

The exterior, both roof and walls, is clad entirely in white cedar boards.

Both of the building's long sides feature three large, tall glass panels, allowing seamless transitions between interior and exterior spaces.

The south side is all glass, creating a direct link between the lake and the living spaces, arranged under a large double-height gable extending outward to cover a small porch.

The full transparency of the southern façade lets in ample sunlight in fall and winter, while the mature trees standing between house and lake moderate the summer sun and provide a high degree of privacy in boating season.

The balloon frame, with its exposed wooden studs and joists painted white, gives the building a unique rhythm of shadow and light.

The cottage has a relaxed character. It is a true family cottage that can sleep up to 12 in two ground-floor bedrooms and a large, open sleeping area on the second floor.

This is the cottage as an expression of the art of living: a gentle, simple, pure way of life.

Una ventana con vistas al lago: la pura esencia de la casa rural. La encontrarás en esta cálida y humilde vivienda de madera en contacto con la naturaleza y la tranquilidad del lago.

La casa se erige en el terreno de una antigua cabaña familiar, a pocos metros del lago Plaisant en la región de Mauricie. Debido a su sencillez, sobriedad y elegancia, el proyecto encarna el intento del arquitecto de plasmar la filosofía de vida en una casa de campo: una casa de madera pensada para las vacaciones, en verdadera armonía con la naturaleza.

De madera por dentro y por fuera, la casa tiene un único gran frontón que cubre todos los espacios habitables.

Situada en un pequeño claro, con cimientos invisibles, la casa es un volumen puro y ligero que descansa sobre una alfombra de hierba.

Su arquitectura es sobria y su escala modesta, en sintonía con el claro y el lago.

El exterior, tanto el tejado como las paredes, está revestido de tablas de cedro blanco.

Los dos lados largos del edificio presentan tres grandes y altos paneles de cristal que permiten una comunicación fluida entre los espacios interiores y exteriores.

El acristalado de la fachada sur ofrece un vínculo directo entre el lago y los espacios habitables, distribuidos bajo un gran frontón de doble altura que se abre hacia el exterior para cubrir un pequeño porche.

La plena transparencia de esta fachada deja entrar abundante luz en otoño e invierno, mientras que los árboles maduros que se yerguen entre la casa y el lago atenúan el sol estival y aportan un gran nivel de intimidad en temporada de navegación.

El entramado ligero tipo globo, con sus montantes y vigas de madera a la vista pintados de blanco, otorga al edificio un ritmo único de sombras y luces.

La casa tiene un aspecto relajado. Es una típica casa de campo familiar con capacidad para 12 personas distribuidas en dos dormitorios en la planta baja y un gran dormitorio común en la segunda planta.

En esta propiedad se expresa el arte de vivir: una forma de vida apacible, simple y pura.

Area 140 m² **Yh2 design team** Karl Choquette, Marie-Claude Hamelin, Étienne Sédillot, Loukas Yiacouvakis
Construction Construction Daniel Matteau

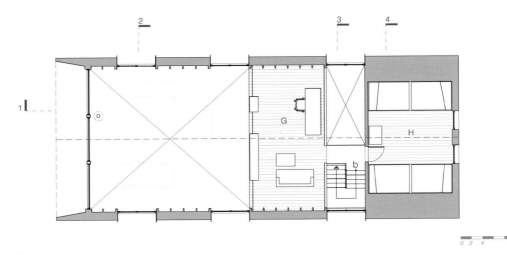

Level 2 plan

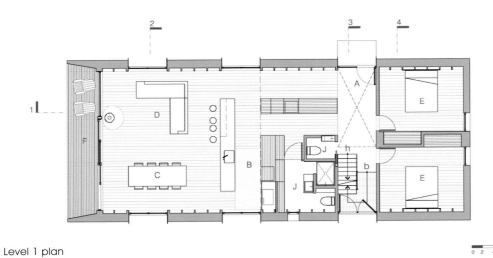

Level 1 plan

A. Entry
B. Kitchen
C. Dining room
D. Living room
E. Bedroom
F. Terrace
G. Office
H. Bedroom
J. WC

THE SISTERS
Anik Péloquin architecte

Location Malcom Frazer Blvd., La Malbaie, Quebec **Photographs** © Louis Prud'homme **Website** www.anikpeloquin.ca

The owners purchased a small house on a secluded lakeside lot in La Malbaie. For its first three decades, the house was used as a hunting lodge, then it became the summer home for the Sisters of Charity. The urbanite owners lived there sporadically for six years to acclimate themselves to the natural setting and define their needs.

Because it would have been very expensive to renovate the house, they soon decided to opt for new construction instead. The existing house would remain standing as the "big sister" bearing witness to the history of the place. It would become a bunkhouse for guests.

The new house – the "little sister" – is clad in tamarack. It has two bedrooms, a bathroom, kitchen and lounge areas. To ensure strong integration, the volume was defined before the interior was laid out. Its size is modest, and the unique shape of the roof meets the owners' requirements while harmonizing with the big sister and the landscape. On the west and south sides, the roof's overhang makes it possible to keep the outside walls low, consistent with the scale of the older house. The proportions are also in line with the lake and the tree line on the far shore. To the east and north, the roof rises steeply to the ridgeboard, more than 25 feet off the ground, echoing the surrounding trees and a church steeple, evoking the site's history. Inside, the edges defined by the roof shape the volumes of the living room and the master bedroom, the only room on the second floor. White-stained pine softly diffuses the light.

The project is a reflection on the integration of a new building into a natural setting. It is not intended to dominate the landscape, but to be a part of it. The volume, scaled appropriately to the site, becomes an ideal setting for the lives that unfold here, both indoors and out.

Los dueños compraron una pequeña casa en un terreno aislado junto a un lago en La Malbaie. Durante las tres primeras décadas, la casa se utilizó como cabaña para cazadores, y luego se convirtió en la casa de verano de las Hermanas de la Caridad. Los propietarios urbanitas vivieron allí de manera esporádica durante seis años para acostumbrarse al entorno natural y definir sus necesidades.

Decidieron construir una nueva casa, ya que una reforma les habría salido muy cara. La casa existente seguiría en pie como "hermana mayor", que da testimonio de la historia del lugar, y se convertiría en una habitación con literas para los huéspedes.

La nueva casa, la "hermana pequeña", está revestida de tamarack. Tiene dos dormitorios, un cuarto de baño, una cocina y un salón. Para garantizar una plena integración, el volumen se definió antes de diseñar el interior. Su tamaño es discreto y la forma única del tejado responde a las necesidades de los propietarios, al tiempo que se combina con la hermana mayor y el paisaje. En los lados oeste y sur, el voladizo del tejado mantiene bajos los muros exteriores, en consonancia con la escala de la casa antigua. Las proporciones también están en sintonía con el lago y la arboleda de la orilla más lejana. Hacia el este y el norte, el tejado se yergue hasta la cresta, a más de 7 m del suelo, en consonancia con los árboles circundantes y el campanario de una iglesia, evocando la historia del lugar. En el interior, los bordes definidos por el tejado conforman los volúmenes del salón y el dormitorio principal, la única habitación de la segunda planta. El pino teñido de blanco difumina de forma ligera la luz.

El proyecto es una reflexión sobre la integración de una nueva construcción en un entorno natural. No pretende acaparar el paisaje, sino formar parte de él. El volumen, adaptado al lugar, se transforma en un marco ideal para la vida típica de aquí, tanto en el interior como en el exterior.

Structural engineer Donald Arseneault **Contractor (foundation, frame, insulation)** Construction Éclair
Interior and exterior finishing Done by the clients **Cabinetry** Ébénisterie Adélard Tremblay et fils

VACATION HOME IN MESSINES

Anik Péloquin architecte

Location Messines, Gatineau, Quebec, Canada **Photographs** © Alberto Biscaro **Website** www.anikpeloquin.ca

Montreal, Canada, 2014-03-04 - This small home located in the middle of the woods was designed for 2 outdoor enthusiasts. This lakefront house is situated on a steep terrain in Gatineau. To reduce construction costs and minimise impact on the ecosystem, it sits on the foundations of an old 24'-0"x36'-0" chalet. A large partly-covered deck runs along 3 sides of the house. It is an integral part of the house's architecture and provides extra living space during summer.

Every room and hallway in this house face the lake. A double-height structure adorned with large windows amplifies the small space. Lots of natural light enters the room and at the end of the day, the shadow of the trees projects onto the walls and floors somewhat erasing the indoor and outdoor perimeters.

Mirroring its environment, the house is covered with wood. The bluish grey colour of the vertical boards was chosen to match the green colour of summer vegetation. The navy plywood insertions replicate the colour of larch needles in the fall and winter.

The large deck has a suspended canoe. It refers to the Legend of the Wild Hunt featuring Gatineau's lumbermen. It shares the space with strange characters designed by the drawing on the navy plywood and windows.

This compact and cost-effective house is a simple and hospitable place led to appreciate the natural environment.

Montreal, Canadá, 04-03-2014. Esta casita en medio del bosque se diseñó para 2 amantes de las actividades al aire libre. Esta casa frente al lago está situada en un terreno abrupto en Gatineau. Para reducir los costes de construcción y el impacto en el ecosistema, se levanta sobre los cimientos de un antiguo chalé de 7 x 11 m. Una espaciosa terraza semicubierta ocupa 3 de los lados de la casa, se integra en la arquitectura de la casa y sirve como otra zona de estar en verano.

Todas las habitaciones y pasillos de esta casa asoman al lago. Una estructura de doble altura decorada con grandes ventanales da amplitud al reducido espacio. Entra mucha luz natural y, al final del día, la sombra de los árboles se proyecta sobre las paredes y el suelo difuminando un poco el perímetro interior y exterior.

Como imitación del entorno, la casa está revestida de madera. El color gris azulado de las tablas verticales se eligió para que coincidiera con el verde de la vegetación estival. Las inserciones de contrachapado azul marino reflejan el color de las agujas de alerce en otoño e invierno.

La gran plataforma dispone de una canoa flotante. Esto se debe a la leyenda de la Caza Salvaje protagonizada por los leñadores de Gatineau. Además, comparte el mismo espacio con curiosos personajes que se crean en el dibujo sobre el contrachapado azul marino y las ventanas.

Se trata de una asequible casita, un lugar único y acogedor que invita a admirar el entorno natural.

Project Manager Anik Péloquin **Engineer** Les consultants Yves Augé et associés **Contractor** Construction Sébastien Raineault **Landscaper** F.J. Richer paysagistes **Project surface area** 1,200 sq.ft

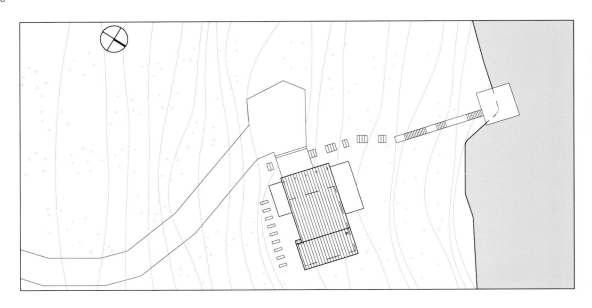

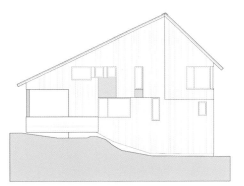

East elevation

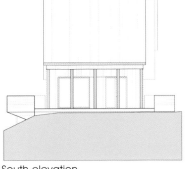

South elevation

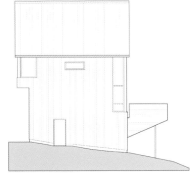

North elevation

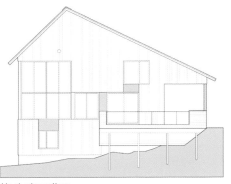

West elevation

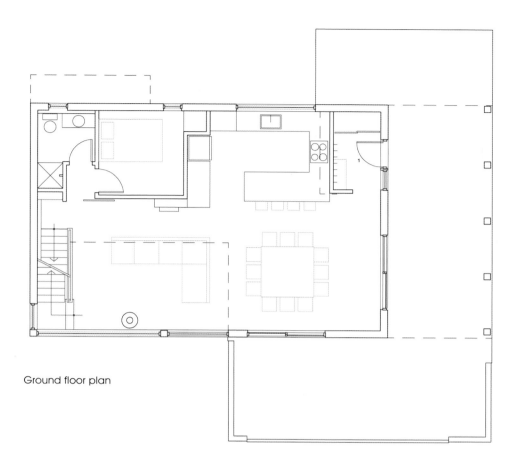

Ground floor plan

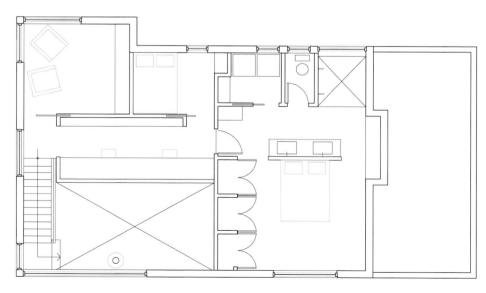

Floor plan

1'   5'   10'

CEDRUS RESIDENCE

Boom Town

Location Harrington, Canada **Photographs** © Angus McRitchie **Website** www.boom-town.ca

Located on the shore of the Gate Lake, on a slightly sloping land of almost 80 000 pi2, the chalet takes place on the edge of a cedar wood with majestic mature incline trunk trees. Although the footprint of this two-storey building is substantial, because the roof slope follows the landscape the impact of it site integration is minimal.

The entrance to the chalet is located on the superior level where you access by a big outdoor porch to the doorway. The inferior level, where the living spaces are located (living room, kitchen, dining room) is at the same plane of the ground nearby; allowing easy access to the land by many doors on the tree facades on the side of the lake.

A large terrace next to the master bedroom offers the most cleared and marvellous view of the lake and a generous sunlit space for the occupants. The extremities of the two circulation axes that serve the interior spaces are wide open glazed, offering a unique picture of the landscape. The exterior finishes of the building are made from dressed stones and cedar cladding, natural materials and site specific. The sloped roof is covered with zinc finish steel that partially turn toward the ground to in a manner of a protective case, but still letting go through the beauty of the landscape at the heart of the project.

A orillas del lago Gate, en un terreno con una ligera pendiente de 7400 m2, el chalé se levanta al borde de un bosque de cedros con majestuosos árboles maduros de tronco inclinado. Aunque la superficie que ocupa este edificio de dos plantas es considerable, el impacto de su integración en el emplazamiento es mínimo porque la pendiente del tejado acompaña al paisaje.

La entrada al chalé se encuentra en el nivel superior y se accede por un gran porche exterior al portal. El nivel inferior, donde se disponen los espacios habitables (salón, cocina y comedor) se asienta en el mismo plano del suelo más cercano; esto supone un fácil acceso a la propiedad gracias a las numerosas puertas que hay a la altura de las copas de los árboles del lado del lago.

Una amplia terraza adyacente al dormitorio principal ofrece la imagen más nítida y privilegiada del lago, además de una zona amplia y soleada para los huéspedes. Los extremos de los dos ejes de circulación que comunican los espacios interiores están acristalados y dan paso a una imagen única del paisaje. Los acabados exteriores del edificio son de piedra labrada y revestimiento de cedro, materiales naturales y locales. La cubierta inclinada destaca por el revestimiento de acero cincado que se vuelve parcialmente hacia el suelo a modo de funda protectora, sin embargo, deja entrever la belleza del paisaje en el núcleo del proyecto.

Architecture Eric Joseph TREMBLAY, architecte (BOOM TOWN) **General contractor** Luc Corbeil (Bois et Nature construction) **Structural engineer** Pierre Brassard (GENIEX) **Mechanical engineer** Guillaume Dupré (PLANEKO) **Interior design** BOOM TOWN et Mario Januario (MJ Design) **Landscaping and horticulture** Jean-Philippe Laliberté **Cabinet making** Jean-François Asselin (Atelier Boisteck) **Lighting** Antoine Laverdière (LumiGroup) **Stairs and railings** Martin Bättig (Bättig Design)

Ground floor plan

Floor plan

THE "BLANCHE" CHALET
ACDF Architecture

Location Cap à l'aigle, (La Malbaie), Quebec Canada **Photographs** © Adrien Williams **Website** www.acdf.ca

The "Blanche" Chalet, whose name evokes the spirit of the vernacular houses of the region, is situated in La Malbaie's area of the "Terrasses Cap à l'Aigle". Its simple and pure architecture gently complements the landscape of Charlevoix in a modern fashion.

The raw concrete materiality of the lower level is a nod to the stone foundations of the old wooden barns that once swept the landscape. This base also serves as the foundation for the main entrance and houses the technical functions of the cottage. Perched on the podium, the upper two levels are clad in a white stained wood, which is reminiscent of lime plaster that was applied to the ancestral homes of the area. The wood is smooth or raw textured and, at times, creates an openwork siding, depending on the façade, bringing lightness and joy to the house.
The four bedrooms of the "Blanche" Chalet are centrally located in order to maximize the panoramic views of the living spaces that are at the top level. The kitchen and dining room are characterized by large 360-degree fenestration, while the living space is housed in a floating overhang whose unique form is reminiscent of the structure of vernacular bridges. This raised volume allows for a direct experience of the enchanting sunsets of Cap à l'Aigle and the shimmering reflections of the estuary of the St. Lawrence within the comforts of the home.

This cottage residence is the expression of the atmosphere sought by its owner. The social nature of the house, its openness to family, friendly, and sometimes professional exchanges are favoured by its composition that sensitively juxtaposes the spaces of common life and the private life (bedrooms). The abundant use of fenestration underlines a constant connection between the interior and nature, including the lake and the forest. The use of natural materials, such as stone, wood, and steel in pure and unique forms links the building to the context and invites contemplation.

El chalé "Blanche", cuyo nombre evoca el espíritu de las casas vernáculas de la región, está ubicado en la zona de "Terrasses Cap à l'Aigle" de La Malbaie. La simple y auténtica arquitectura por la que se caracteriza complementa con sutileza el paisaje de Charlevoix de manera moderna.

La materialidad de hormigón sin tratar del nivel inferior hace alusión a los cimientos de piedra de los antiguos graneros de madera que antaño poblaban el paisaje. Esta base también sirve de cimiento para la entrada principal y alberga las funciones más técnicas de la casa de campo. Sobre el pedestal, los dos niveles superiores están revestidos de una madera blanca, que evoca el enlucido de cal que se aplicaba a las casas ancestrales de la zona. La textura de la madera es lisa o cruda y, en función de la fachada, a veces crea un revestimiento calado, que aporta luminosidad y alegría a la casa. Los cuatro dormitorios del chalé "Blanche" se sitúan en el centro para aprovechar al máximo las vistas panorámicas de las zonas comunes que se encuentran en el nivel superior. La cocina y el comedor se caracterizan por sus grandes ventanales de 360°, mientras que la sala de estar se encuentra en un voladizo flotante cuya forma única recuerda la estructura de los puentes vernáculos. Este volumen elevado ofrece una experiencia inmediata de las encantadoras puestas de sol de Cap à l'Aigle y los brillantes reflejos del estuario del San Lorenzo desde las comodidades del hogar.

Esta casa rural es la viva representación del espíritu que busca su propietario. El carácter social de la casa, su disposición a los encuentros familiares, amistosos y a veces profesionales se ven favorecidos por su composición, que yuxtapone con sensibilidad los espacios comunes y los más privados (dormitorios). La gran recurrencia al ventanaje resalta una conexión constante entre el interior y la naturaleza, incluidos el lago y el bosque. El uso de materiales naturales como la piedra, la madera y el acero en formas puras y únicas vincula el edificio al entorno e invita a la contemplación.

Client DAVNIC (David Lafrance et Nicolas Barette) **Architectural team** Maxime-Alexis Frappier, Martin Champagne, Joan Renaud, Mathieu Tremblay, Olivia Daigneault **Structural ingineers** NCK **Entreprenor** Demonfort

NORDIC ARCHITECTURE AND SLEEK INTERIOR DESIGN

FX Studio by Clairoux

Location Montréal, Canada **Photographs** © Julien Perron-Gagné **Website** www.fxstudiodesign.com
Principal interior designer Frédric Clairoux

This project began when a couple decided to sell their primary residence in the city to purchase a cottage on the northern point of Archambault Lake in Saint-Donat. It was located on a picturesque, south-facing site with a hundred metres of private beach. They planned to retire in this magnificent place. They decided to call on the interior design firm FX Studio by Clairoux to transform the rustic cottage into a peaceful retreat for the whole family. Their dream renovation project was about to come true.

Transforming the cottage into a primary residence that is both warm and contemporary:
- a welcoming space for hosting a large family
- a restful place for contemplating nature

A trusting relationship had already developed between the clients and the interior design firm because they had already worked together on an earlier project. This fact allowed FX Studio by Clairoux to suggest a highly contemporary design from the very beginning.

The first idea was to inundate the interior with natural light and work with soft, airy textures to create a calming, peaceful atmosphere. Northern white cedar—a local tree species—was the basis for the colouration and choice of materials. With time, this wood develops a silvery hue on the outside while retaining its blond colouring inside.

Using it for both exterior siding and certain structural elements, such as the staircase, the main beam and the living room ceiling, amplifies the project's overall impression of harmony.

The heated floor in white porcelain reflects sunlight, creating continuity between the interior and the natural surroundings—the beach in summer and snow in winter.

Since the house is surrounded by conifers, the FX Studio by Clairoux team decided to be daring and use green glass accents. Often used in contemporary spaces, clear glass can define different areas while remaining subtle.

Este proyecto surgió cuando una pareja decidió vender su residencia principal en la ciudad para comprar una casa de campo en la punta norte del lago Archambault, en Saint-Donat. Estaba situada en un lugar pintoresco, mirando al sur y contaba con 100 m de playa privada. La pareja tenía pensado jubilarse en este magnífico lugar. Decidieron contratar los servicios de la empresa de interiorismo FX Studio by Clairoux para transformar la rústica casa de campo en un apacible refugio para toda la familia. El proyecto de ensueño que iniciaría la reforma estaba a punto de llevarse a cabo.

Convertir la casa de campo en una vivienda principal, cálida y moderna al mismo tiempo se traduce en:
- un espacio acogedor para alojar a una gran familia;
- un lugar de descanso para disfrutar de la naturaleza.

Los clientes y la empresa de diseño de interiores ya mantenían una buena relación porque habían trabajado juntos en otro proyecto. Por esta razón a FX Studio by Clairoux le fue más fácil proponer un diseño contemporáneo desde el principio.

La primera sugerencia fue iluminar el interior con luz natural y utilizar texturas suaves y ligeras para crear un ambiente tranquilo y sosegado. El cedro blanco del norte, una especie de árbol local, sirvió de inspiración para la paleta de colores y la elección de los materiales. Con el tiempo, esta madera adquiere un tono plateado en el exterior y conserva su color rubio en el interior.

Su uso tanto para el revestimiento exterior como para determinados elementos estructurales como la escalera, la viga principal y el techo del salón, refuerza la impresión general de armonía del proyecto.

El suelo radiante de porcelana blanca refleja la luz del sol, y crea una relación entre el interior y el entorno natural: la playa en verano y la nieve en invierno.

Como las coníferas rodean la casa, el equipo de FX Studio by Clairoux se atrevió a utilizar toques de vidrio verde. Visto con frecuencia en espacios contemporáneos, el vidrio transparente define distintas zonas sin dejar de ser sutil.

When creating a space, the FX Studio by Clairoux team takes time to talk with clients so that they can visualize it as clearly as possible in the utmost detail. They imagine real-life situations and uses to achieve a harmonious daily life within the completed project. This is key for successful renovation projects.

The kitchen was an economic masterstroke. The use of laminated countertops gives it a chic look at an affordable price. The financial framework of the project ruled out more luxurious materials. The FX Studio by Clairoux team demonstrated creativity in this respect.

High-end kitchens normally have quartz or natural stone counters. In this case, the use of a laminated finish allowed the clients to save several thousand dollars while producing a highly successful outcome.

The range hood, which is integrated with the counter, allowed for an open view of the lake. This choice further heightens the feeling of harmony with nature.

The final product is a calm, peaceful environment with a modern spaciousness and authentic design perfectly adapted to the clients' uses.

A la hora de crear un nuevo espacio, el equipo de FX Studio by Clairoux dedica el tiempo necesario a hablar con los clientes para visualizarlo con la mayor claridad posible y con todo lujo de detalles. Simulan situaciones y usos del día a día para lograr una vida cotidiana armoniosa una vez hayan finalizado el diseño del proyecto. Esto es fundamental para el éxito de los proyectos de remodelación.

La cocina resultó un acierto a nivel económico. El uso de encimeras laminadas le aporta un toque chic a un precio asequible. Por otro lado, presupuesto del proyecto excluía los materiales más lujosos; el equipo de FX Studio by Clairoux demostró creatividad en lo que a esto se refiere.

Las cocinas de alta gama suelen tener encimeras de cuarzo o piedra natural. En este caso, el uso de un acabado laminado ahorró a los clientes unos miles de dólares y obtuvieron un resultado muy favorable.

Que la campana extractora esté integrada en la encimera es una ventaja que vuelve posible disfrutar de una vista panorámica del lago. Esta decisión contribuye a realzar la sensación de sintonía con la naturaleza.

El producto final es un entorno tranquilo y sosegado, con una amplitud moderna y un diseño auténtico que se adapta a los gustos del cliente.

HYYTINEN CABIN

Salmela Architects

Location St. Louis County, Minnesota, United States **Photographs** © Paul Crosby **Website** www.salmelaarchitect.com

Hyytinen Cabin replaces an existing structure, capitalizing on its spectacular location by a lake. The design consists of two stacked volumes over a basement. The first floor establishes a new relationship with the site. While the original structure was facing east, the new first floor faces south. This allows for a fully glazed narrow east end to open the great room up to the unobstructed views of the lake. A south-facing deck provides a sunny place to sit during mild weather. The second floor is oriented perpendicular to the first, cantilevering over the deck to provide a covered entry and shady place to spend hot summer days.

Locally sourced stone used for dry-laid walls, steps, and pathways provide a wonderful character and contextual appropriateness in rugged settings.

Physical and environmental conditions affecting a site guide the form, composition, and materiality of a building.

Outdoor decks and terraces are extensions of interior living spaces capable of accommodating activities that usually take place indoors, such as lounging, eating, and entertaining.

Interior walls are finished with local basswood. The pale color of the wood reflects the sunlight, adding comfortable warmth to the cabin's interior. Floor-to-ceiling windows and glass doors capture the views of the idyllic wooded site.

La cabaña Hyytinen sustituye una estructura existente, aprovechando su espectacular ubicación junto a un lago. El diseño consiste en dos volúmenes apilados sobre un sótano. La primera planta establece una nueva relación con el lugar. Mientras que la estructura original estaba orientada al este, la nueva primera planta está orientada al sur. Esto permite que un estrecho extremo oriental totalmente acristalado abra el gran salón a las vistas sin obstáculos del lago. Una cubierta orientada al sur ofrece un lugar soleado para sentarse cuando hace buen tiempo. La segunda planta está orientada perpendicularmente a la primera, en voladizo sobre la cubierta para proporcionar una entrada cubierta y un lugar sombreado donde pasar los días calurosos de verano.

La piedra de origen local utilizada para los muros, escalones y caminos colocados en seco proporciona un carácter maravilloso y una adecuación contextual en entornos escarpados.

Las condiciones físicas y ambientales que afectan a un lugar guían la forma, la composición y la materialidad de un edificio.

Las terrazas y cubiertas exteriores son extensiones de los espacios interiores capaces de albergar actividades que normalmente tienen lugar en el interior, como descansar, comer y entretenerse.

Las paredes interiores están acabadas con madera de tilo local. El color pálido de la madera refleja la luz del sol, añadiendo una agradable calidez al interior de la cabaña. Las ventanas del suelo al techo y las puertas de cristal capturan las vistas del idílico lugar boscoso.

112

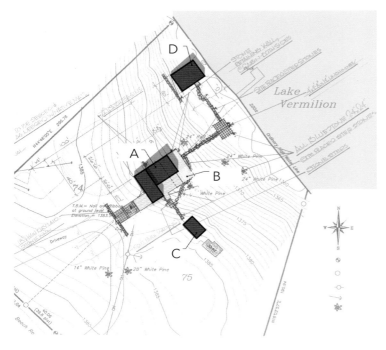

A. New cabin
B. Existing cabin footprint
C. Existing sauna
D. Boat house

Site plan

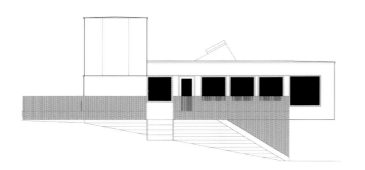

Southeast elevation

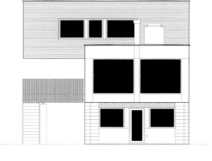

Northeast elevation

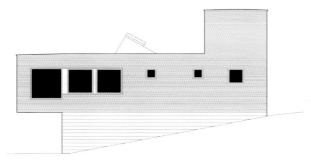

Northwest elevation

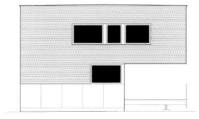

Southwest elevation

The exterior is clad in western red cedar stained with a traditional Scandinavian tar treatment. The natural texture of the cedar contrasts with the smooth matte finish of a black Richlite splash base. Deep blue accents complement the pinkish-red door of an existing cinder block sauna.

The fenestration and creation of outdoor spaces are perhaps the most effective design elements to engage a building with its natural surroundings.

El exterior está revestido de cedro occidental teñido de rojo con un tratamiento tradicional de alquitrán escandinavo. La textura natural del cedro contrasta con el suave acabado mate de una base negra de Richlite. Los detalles en azul intenso complementan la puerta de color rojo rosado de una sauna de bloques de hormigón ya existente.

La fenestración y la creación de espacios exteriores son quizá los elementos de diseño más eficaces para relacionar un edificio con su entorno natural.

116

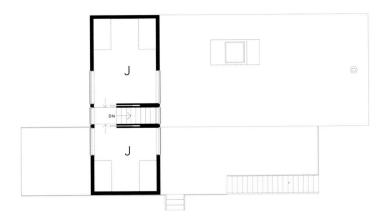

Upper floor plan

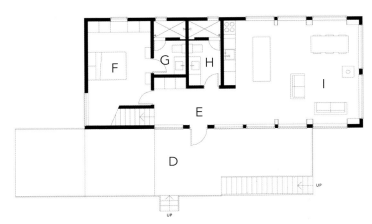

Main floor plan

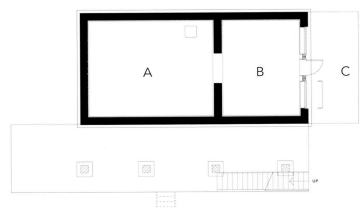

Lower floor plan

A. Mechanical room
B. Workshop
C. Terrace
D. Deck
E. Entry
F. Master bedroom
G. Master bathroom
H. Bathroom
I. Great room
J. Bedroom

CABIN ØSTFOLD

Lund+Slaatto Architects

Location Østfold, Norway Photographs © Marte Garmann Website www.lsa.no

The Cabin Østfold is located in the Oslofjord archipelago, with great views to the sea, and the adjacent coastal landscape. The cabin consists of two structures—a main building and an annex—connected by a central terrace. The foundation of a previous building on the site and its architectural character established the limits of the new construction and informed the new design. This is reflected in the design of the roof, which takes cues from the traditional gable roof structures. While Cabin Østfold may incorporate elements of the area's vernacular architecture, it exudes a modern appeal that comes with the creative use of natural materials.

The cabin's exterior and the terrace are built with cedar timber. The roof eave extends over the windows, limiting heat gain and glare but allowing the interior to take in the views of the sea. The brise soleil is a popular and effective solar shading technique widely used before air-conditioning to control the amount of direct sunlight that enters a building.

The cedar terrace and roof form a continuous surface that protects the hillside of the cabin in a sheltering way while extending beyond and above the windows at the front of the cabin to allow for light and views.

Geographical location, environmental and cultural context, climate, and orientation are factors that need to be taken into account during the design process of a building. These are some of the guidelines devised to optimize a building's adaptation to a specific site and optimize its efficiency and performance.

La cabaña Østfold está situada en el archipiélago de Oslofjord, con grandes vistas al mar y al paisaje costero adyacente. La cabaña consta de dos estructuras -un edificio principal y un anexo- conectadas por una terraza central. Los cimientos de un edificio anterior y su carácter arquitectónico establecieron los límites de la nueva construcción y dieron forma al nuevo diseño. Estas características se reflejan en el diseño del tejado, que se inspira en las estructuras tradicionales de tejado a dos aguas. Aunque la Cabaña Østfold incorpora elementos de la arquitectura vernácula de la zona, desprende un atractivo moderno gracias al uso creativo de materiales naturales.

El exterior de la cabaña y la terraza están construidos con madera de cedro. El alero del tejado se extiende por encima de las ventanas, limitando el aumento de temperatura y el deslumbramiento, pero a su vez, permitiendo disfrutar de las vistas al mar. El brise soleil es una técnica de protección solar popular y eficaz, muy utilizada antes de la climatización para controlar la cantidad de luz solar directa que entra en un edificio.

La terraza y el tejado de cedro forman una superficie continua que protege la ladera de la cabaña, al tiempo que se extiende más allá y por encima de las ventanas de la parte delantera de la cabaña para permitir la entrada de luz y las vistas.

La ubicación geográfica, el contexto ambiental y cultural, el clima y la orientación son factores que deben tenerse en cuenta durante el proceso de diseño de un edificio. Estas son algunas de las pautas ideadas para optimizar la adaptación de un edificio a un lugar específico y optimizar su eficiencia y rendimiento.

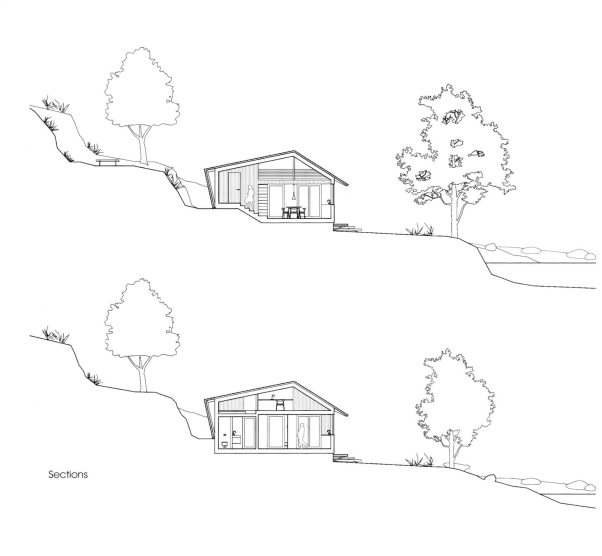

Sections

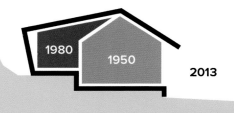

1980 1950 **2013**

Diagram

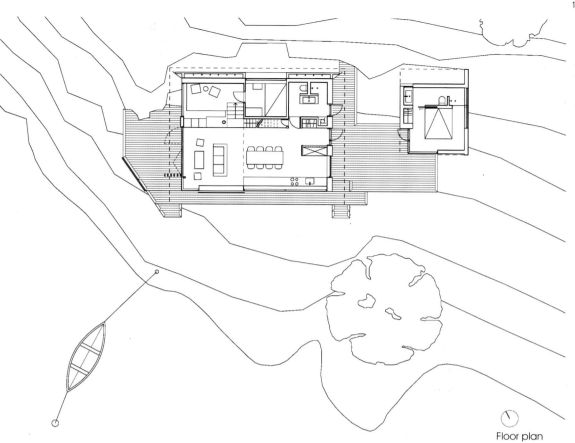

Floor plan

Avoid tall furniture to enhance the sense of amplitude in small spaces. With few or no cumbersome pieces of furniture, a room can also look brighter because light can reach further in, and no unsightly shadows are cast.

Protecting windows from sunlight is critical for good window management. How the sun moves through the sky should determine a building's orientation and the placement of windows to minimize direct solar admission.

The cabin's interior is an open plan layout organized on various levels, adapting to the site's sloping topography. With minimal partitions, every corner of the cabin enjoys the views and the light through the glazed sea-facing wall.

Evite los muebles altos para aumentar la sensación de amplitud en los espacios pequeños. Con pocos o ningún mueble engorroso, una habitación también puede parecer más luminosa porque la luz puede llegar más adentro y no se proyectan sombras antiestéticas.

Proteger las ventanas de la luz solar es fundamental para una buena gestión de las mismas. La forma en que el sol se desplaza debe determinar la orientación de un edificio y la colocación de las ventanas para minimizar la entrada directa de la luz solar.

El interior de la cabaña es una disposición de planta abierta organizada en varios niveles, que se adapta a la topografía inclinada del lugar. Con unos tabiques mínimos, cada rincón de la cabaña disfruta de las vistas y la luz a través de la pared acristalada orientada al mar.

TOWER HOUSE

Andersson-Wise

Location Leander, Texas, United States **Photographs** © Art Gray **Website** www.anderssonwise.com

There are small limestone cabins from the 1930s located along Lake Travis, the longest of the Highland Lakes that terrace the hill country west of Austin, and they are used primarily in the summer. One such cabin sits on a slope rising from the water under a canopy of native oaks and cedars. It had one large room, a little sleeping room, a kitchen, and a porch facing the water.

Our client requested two additional bedrooms with baths and a living area for larger groups to gather. We chose to locate the new sleeping quarters in a separate tower. Two small bedrooms occupy the first and second floors.

Above, a third level terrace opens to a panorama of the lake and distant rolling hills. On this terrace, some thirty feet above the ground, even the hottest summer afternoon can be enjoyed under a roof open to the prevailing breezes blowing in from the lake. The original stone cabin is now juxtaposed with a vertical tower of wood, rising up out of the forest and into the bright Texas sky. The Tower draws you up to see the lake, barely visible at ground level through the thicket of trees.

A lo largo del lago Travis, el más largo de los Highland Lakes, están ubicadas unas pequeñas cabañas de piedra caliza de la década de 1930, junto a las colinas al oeste de Austin, que se utilizan principalmente en el verano. Una de estas cabañas se encuentra en una pendiente que se eleva desde el agua bajo un dosel de robles y cedros nativos. Tenía una sala grande, un pequeño dormitorio, una cocina y un porche frente al agua.

Nuestro cliente solicitó dos habitaciones adicionales con baños y una sala de estar más grande para reuniones de grupo. Elegimos ubicar los nuevos dormitorios en una torre separada. Dos pequeños dormitorios ocupan la primera y segunda planta.

Arriba, una terraza de tercer nivel se abre a un panorama del lago y de las lejanas colinas. En esta terraza, a unos diez metros sobre el nivel del suelo, se puede disfrutar incluso de la tarde de verano más calurosa bajo un tejado abierto a las brisas que soplan desde el lago. La cabaña de piedra original está ahora yuxtapuesta con una torre vertical de madera, que se eleva desde el bosque hacia el brillante cielo de Texas.

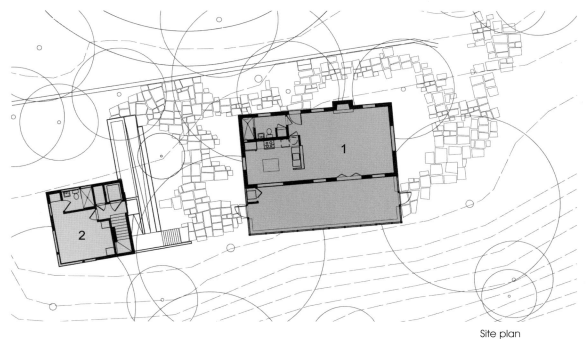

Site plan
1. Renovated lodge
2. New tower

Ground floor

Second floor

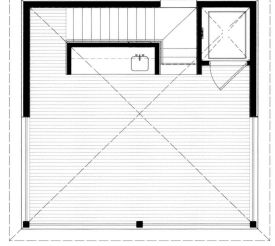

Third floor

0   5'   10'   NORTH

BUNNY RUN BOAT DOCK

Andersson-Wise

Location Austin, Texas, United States **Photographs** © Andrew Pogue **Website** www.anderssonwise.com

The Bunny Run Boat Dock, located on the shore of Lake Austin, is an exploration of material and massing intended to look so blended into the site that it appears softly in a state of natural decomposition.

The structure is an all exterior experience. Walls, ceilings and retractable screens create layers of enclosure. A variety of wood species –Sinker Cypress floors, articulated Cedar walls and a painted ceiling made of Douglas Fir–form an environment that is consistent with the natural wooded shoreline of the lake.

The architectural palette is complemented by several reclaimed items: antique doors from India, a time worn butcher block from England and a steel structure that weathers naturally. The experience is intended to be an inviting homage to the beautiful climate and setting. A place to become connected to and surrounded by nature.

El Bunny Run Boat Dock, situado a orillas del lago de Austin, es un estudio de los materiales y del volumen con la intención de que parezca tan mezclado con el sitio que aparezca suavemente en un estado de descomposición natural.

La estructura es toda una experiencia exterior. Las paredes, los techos y las pantallas retráctiles crean capas de cerramiento. Una variedad de especies de madera –suelos de ciprés, paredes articuladas de cedro y un techo pintado de abeto Douglas– forman un ambiente que se integra a la perfección con la arbolada orilla del lago.

La paleta arquitectónica se complementa con varios elementos recuperados: puertas antiguas de la India, una tabla de carnicero desgastada por el paso del tiempo de Inglaterra y una estructura de acero que envejece de forma natural. La experiencia pretende ser un homenaje a la belleza del clima y del entorno. Un lugar para estar conectado y rodeado de naturaleza.

Site plan

Lower level plan

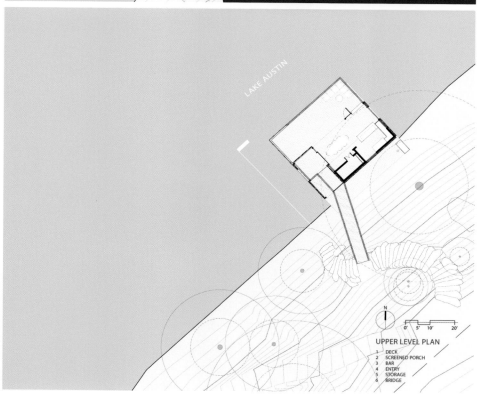

Upper level plan

UPPER LEVEL PLAN

1 DECK
2 SCREENED PORCH
3 BAR
4 ENTRY
5 STORAGE
6 BRIDGE